ISBN 978-975-7549-07-9

Okula Geç Kaldım
Öykü ve Resimler: Fatih Erdoğan

©Fatih Erdoğan, 1985
12. basım: Mayıs 2014

Mavibulut Yayıncılık Tic. ve San. Ltd.
Perpa B Blok Kat: 5 No: 477
Okmeydanı İstanbul
Tel: 0212-3202130
mavibulut@mavibulut.com.tr
Sertifika No: 11016

Bandrol uygulamasına ilişkin usul ve esaslar
hakkında yönetmeliğin 5. maddesinin 2. fıkrası
çerçevesinde bandrol taşıması zorunlu değildir.

Baskı:
Pasifik Ofset Ltd.Şti.
Baha İş Merkezi A Blok Kat: 2 Avcılar - İstanbul
Telefon: +90 212 412 17 00
Faks: +90 212 422 11 51
Sertifika No: 12027

okula geç kaldım

Fatih Erdoğan

Çocuktum
ufacıktım

Bir susayıp
bir acıktım

Dedim: Dede
masal anlat

Dedem dedi:
Sen anlat

Ben anlattım,
dedem güldü

Bilmem dedem
neden güldü...

Okula geç kaldım.
Ders çoktan başladı.
Oysa ben geç kaldım.
Çok geç kaldım.

Tavşan dedi ki:
"Üzülme canım,
ben de geç kaldım.
Ne olur ki!
Gel kestirmeden
gidelim..."

Sonra da hopladı gitti...
Koştum koştum,
yetişemedim.
Geç kaldım.
Çok geç kaldım.

Kaplumbağa dedi ki:
"Ben tavşanı yakalarım,
sen üzülme.
Haydi sırtıma bin,
gerisini düşünme..."

"Kestirmeden gideriz, tepeyi dolanırız; birkaç sene içinde anayola varırız."

Kartal dedi:
"Sen böyle,
zor varırsın öğleye.
Gel seni uçurayım.
Böylesi en kestirme."

"Ama sen çok ağırsın.
Ya çantanı bırakır,
ya denizi boylarsın!"

Çantamı bırakmadım.
Kartal dedi:
Sen bilirsin...
Artık biraz da yüzmelisin!"

Balık dedi:
"Oh ne hoş bir kahvaltı! Ağzıma layık..."

Balıkçı dedi:
"Bugün yine aç mıyız? Bir hamsicik olsun tutamaz mıyız?"

"Vay bu ne kocaman bin balık! Izgaralık, tavalık, üstelik de çorbalık."

Öğretmenim dedi ki:
"Bugün dersimiz balık.
Bakın gözleri pırıl pırıl,
ağzı hâlâ aralık..."

Çıkmanın tam sırasıdır.

"Günaydın öğretmenim. Azıcık geç kaldık işte; fazla büyütmeyelim..."

Sevgili büyükler,
Bu bir öykü kitabıdır. Çocuklara öykü kitapları sunmanın yararlarından biri de okuduğunu anlamasını ve anladığını ifade edebilme becerisini geliştirmesidir. Bunun yolu da, birlikte okuduğunuz bir kitap üzerinde çocuğunuzla konuşmanızdır. Ama lütfen sözü ona bırakın. Konuşmak istemiyorsa da zorlamayın. Eğer öykümüz hoşuna gittiyse zaten beklediğinizden daha iyi bir sonuç alacaksınız. Bol bol konuşacak, üstelik kitabı size tekrar tekrar okutacaktır. (Uyarmadı demeyin!)
Aşağıdaki soruları mutlaka tamamlanması gereken test soruları gibi algılamayın lütfen; yalnızca fikir vererek yardımcı olmayı amaçladım. Kendi sorularınızı kendiniz üretebilirsiniz.
Sevgilerimle,

Dr. Fatih Erdoğan

1) Sence çocuk neden okula geç kalıyor?

2) Çocuğa yardım etmek isteyen hayvanlar hangileri?

3) Çocuk çantasını neden bırakmamış olabilir?

4) Sen okula gidiyor musun? Nasıl gidiyorsun?

5) Okula geç kalan sen olsaydın ne yapardın? Sen hangi hayvanı seçerdin?

6) Diyelim okula geç kalan sensin; öğretmenine ne demen gerekir?

Paylaşmak istediğiniz düşünce ve deneyimleriniz için:
fatih@mavibulut.com.tr

Bu kitabı sevdiyseniz, önerebileceğim başka kitaplar edinmek için:
www.binbirkitap.com